†

ORAISON FUNÈBRE

Prononcée dans l'église Saint-Vulfran

AUX OBSÈQUES DU

R. P. Louis-Casimir GÉLON

MISSIONNAIRE EUDISTE

De la Maison Saint-Paul d'Abbeville

Décédé le Mercredi 14 Février 1883

Par M. l'Abbé DELY

CURÉ-DOYEN, ARCHIPRÊTRE DE L'ARRONDISSEMENT D'ABBEVILLE

ABBEVILLE
IMPRIMERIE C. PAILLART
24, RUE DE L'HÔTEL-DE-VILLE, 24

1883

Brevi vivens tempore, explevit tempora multa

C'est bien ici que l'on peut répéter ces paroles de nos saints livres, ici, en présence de ce cercueil si prématurément fermé, en présence de ce cher défunt, sitôt ravi à l'affection de ses frères et à l'estime de tous ceux qui l'ont connu, *brevi vivens tempore*, oui, il a vécu peu de temps, et si sa froide dépouille pouvait se ranimer, si sa voix sympathique pouvait se faire entendre à nous, elle nous dirait : j'avais à peine fourni la moitié de ma carrière, que déjà la mort m'avait saisi, et au moment même où ma vie se déployait dans toute la force de la maturité elle m'a précipité dans le tombeau, *in dimidio dierum meorum, dixi, vadam ad portas inferi :* au moment même où j'ourdissais la trame de ma vie avec l'activité la plus grande, la cruelle mort est venue en briser tous les fils, *dùm adhuc ordirer succidit me*, et maintenant de toutes les espérances que j'avais fondées sur l'avenir, il ne me reste qu'un cercueil ! un tombeau ! *solum mihi superest sepulcrum.*

Je le sais, M. F., et je le dis avec vous, cinquante-deux ans constituent un long espace de temps, et la plus grande partie de la vie humaine. Mais cette période, si considérable qu'elle soit, vous paraîtra bien courte, si vous la mettez en regard des œuvres accomplies par le Très Révérend Père Gélon. Ces œuvres sont si nombreuses, si diverses, si importantes, que, pour les exécuter toutes, il semble, à première vue, que l'existence du Révérend Père aurait dû nécessairement se prolonger jusqu'à ces limites extrêmes où l'activité humaine s'épuise et s'éteint, *explevit tempora multa*. Ce qui frappe, tout d'abord, dans notre cher et regretté défunt, c'est la plénitude de sa vie, les œuvres y surabondent, c'est bien de lui que l'on peut dire, *et dies pleni invenientur in eis ;* nous trouverons là une leçon, nous sommes justement effrayés du vide de notre vie, et à mesure que se déroulera devant nous l'existence de discrète et vénérable personne Messire Louis-Casimir-Julien Gélon, dont j'entreprends l'éloge funèbre, nous aurons peine à comprendre qu'il ait pu faire entrer tant d'œuvres dans le cadre si restreint de son existence, *explevit tempora multa.* Avant tout, ce qui domine dans cette vie, c'est le dévouement à Dieu, et aux âmes, c'est le zèle sacerdotal. Le Révérend Père Gélon fut un vrai prêtre selon le cœur de Dieu, il fut un apôtre dévoré du zèle de la gloire de Dieu et du salut des âmes. C'est là ce que va nous montrer un simple et rapide coup d'œil sur sa vie.

Préparation à l'apostolat. — Par sa naissance le Révérend Père Gélon appartient à deux provinces dont les peuples ont chacun leur histoire, leur caractère propre et leurs traits saillants, et sa physionomie générale était un heureux mélange des caractères et des traits de ces deux peuples. Il avait l'œil profond, vif et plein de feu du premier ; et la figure ouverte, le front tranquille du second ; il avait les ardentes convictions de l'un et la raison plus calme et plus sûre de l'autre ; il avait le culte du devoir du Breton et le culte de la vérité du Picard. Il est le premier Picard qui ait donné son nom à la congrégation du Très Révérend Père Eudes, et c'est là un honneur pour nous et un bonheur pour les Eudistes, car sa vie a jeté un vif éclat sur cette congrégation, et ses œuvres ont contribué efficacement à y développer l'esprit du saint fondateur.

Le Révérend Père Gélon appartient tout entier aux Pères Eudistes, il est leur œuvre. En effet, ces bons Pères le reçurent tout jeune encore des mains de ses pieux parents, et ils l'élevèrent dans leur collège de Redon ; si jeune qu'il fût, cet enfant se montra dès lors ce qu'il a été toujours dans la suite : un esprit supérieur, une âme ardente, un noble cœur. Ses talents extraordinaires et son caractère heureusement doué, lui eurent bientôt conquis le premier rang dans sa classe, ainsi que l'estime et l'affection de ses maîtres et de ses condisciples. Deux ou trois ans s'étaient à peine écoulés que le jeune élève était devenu comme l'âme de la maison ; il lui avait communiqué une activité et une ardeur incroyables pour l'étude et le jeu, et on le voyait toujours le premier à la tête du mouvement. Pendant le séjour du jeune élève à Redon, la vie s'y éleva, le niveau des études y monta, tout s'y développa.

En même temps se développait un autre côté de la vie du Révérend Père Gélon, la vie morale et chrétienne. Le cœur de l'enfant s'était ouvert avec une grande confiance aux salutaires impressions que produisaient sur lui les leçons et les exemples de ses maîtres. Comme la Très-Sainte Vierge, dont le culte fut le grand attrait de sa vie, le jeune élève conservait avec soin les germes précieux des vertus chrétiennes et sacerdotales qui étaient déposés dans son cœur et ses efforts joints à l'action de la grâce, développèrent rapidement tous ces germes, de sorte qu'à la fin de ses études, l'élève de Redon était devenu un jeune homme vraiment remarquable par sa piété et ses vertus autant que par l'éclat de son talent et de ses succès littéraires. Dieu avait marqué ce jeune homme pour le sacerdoce. Ses maîtres, les Révérends Pères Eudistes l'envoyèrent à Saint-Sulpice ; mais il ne tarda pas à en revenir pour continuer et terminer ses études théologiques au scolasticat de la congrégation de Jésus et de Marie. A Redon comme à Paris, le jeune Lévite apporta au séminaire un grand désir, un désir qui alla devenant chaque jour plus vif, plus ardent, plus sincère ; il voulait être tout à Dieu ; il voulait lui appartenir uniquement, entièrement. Or, lorsque Dieu rencontre une de ces âmes généreuses, il procède toujours avec elle de la même manière : il lui fait comprendre d'abord l'instabilité et la vanité des choses d'ici-bas ; puis il lui inspire un grand mépris pour toutes les choses pour lesquelles le monde se passionne, un grand détachement d'elle-même, et quand Dieu voit cette âme ainsi dégagée et complètement libre, alors il l'attire en haut et jusqu'à Lui. L'âme du Révérend Père Gélon avait ressenti les influences de cet attrait divin; elle le suivit. Pendant la durée de sa formation sacerdotale le jeune séminariste livra sa volonté à son supérieur, qui put l'assouplir à toutes les exigences et la plier à tous les détails de la règle ; il livra surtout son cœur à toutes les inspirations d'en haut, à tous les souffles de la grâce qui l'emportèrent à une grande hauteur et jusque vers les régions où habite la perfection. Dans ses relations avec ses frères, il était bon, gai, prévenant et affable, humble et modeste. La pureté de son âme se réflétait sur son front calme et transparent, la joie qui inondait son cœur se trahissait par une conversation pleine de gaîté et d'entrain, par des saillies aimables et gracieuses, en sorte que le Révérend Père Gélon était vraiment alors le modèle de tous les séminaristes et l'ange du séminaire. A Saint-Sulpice comme à Redon le Révérend Père Gélon montra une incontestable supériorité de talent, il était regardé par tous comme l'un des élèves les plus brillants du séminaire, et nous en avons la preuve certaine dans ce fait qu'il fut nommé directeur des conférences et des catéchismes de la paroisse, et nous pouvons ajouter qu'il sut s'acquitter, à la satisfaction de tous, des obligations que lui imposait ce poste d'honneur.

Ainsi préparé et fortifié pour les travaux et les luttes de l'avenir, le jeune prêtre fut successivement professeur dans le collége de Redon, professeur de philosophie au séminaire noviciat de la Roche du Theil, missionnaire à Périers, supérieur des missionnaires du refuge de Marseille, où il prêcha plusieurs carêmes avec un succès extraordinaire, puis supérieur du collége Richelieu de Luçon, supérieur des missionnaires qu'il ne tarda pas à transporter à Granville, aumônier du refuge de Paris, et partout le Révérend Père laissa les souvenirs les plus doux, les plus précieux, partout il sut se concilier l'estime et l'admiration de tous ceux qui le connurent, partout il se fit remarquer par un grand sens pratique, par une connaissance approfondie des hommes et des choses, et surtout par son esprit d'initiative, par son zèle entreprenant, par son âme ardente et son caractère énergique. Quand il s'agissait de modifier une œuvre, de la transformer en l'établissant sur des bases plus larges, quand il s'agissait de créer une œuvre nouvelle, alors le Révérend Père réfléchissait longtemps, il considérait l'affaire sous tous ses différents aspects, et il prenait enfin une détermination, mais cette détermination une fois prise, rien ne pouvait plus l'arrêter, il allait droit à son but, et si des difficultés se dressaient devant lui, il luttait énergiquement contre elles, il les prenait corps à corps, et presque toujours il eut le bonheur de les renverser et de les faire disparaître. Si le temps me le permettait je vous dirais comment il a fondé le cercle catholique à Granville, comment il lui a communiqué une vie forte et puissante, comment il a établi la maison des missionnaires et comment il a créé à Valognes un grand et vaste couvent pour ses religieuses de N.-D. de Charité. Dieu seul sait ce qu'il a fallu au Révérend Père Gélon de volonté énergique et d'efforts persévérants pour fonder cette maison qui compte aujourd'hui plus de trois cents personnes, et aujourd'hui toutes ces saintes filles de Valognes, unissent leurs plus ferventes prières à toutes celles que nous faisons monter vers le ciel ; elles mêlent leurs larmes à toutes les larmes que nous répandons sur ce cercueil, elles pleurent celui qui a fondé pour elles ce pieux asile, cette douce retraite, ce paradis terrestre où elles goûtent les joies de l'innocence et toutes ces saintes délices que Dieu a promises à l'âme fervente.

Mais en entendant cette simple énumération des œuvres accomplies par le Révérend Père Gélon, votre pensée ne s'est-elle pas comme nécessairement reportée sur l'apôtre qui parcourait les nations établissant partout des chrétientés, fondant des églises... et ne vous a-t-il pas semblé que vraiment il y avait dans le Révérend Père Gélon, quelque chose de saint Paul ? Oui, il participa dans une large mesure à l'esprit du grand apôtre, et il fut un vrai missionnaire, un véritable ouvrier de la parole, sa joie, son bonheur, la passion de sa vie, sa vie elle-même était de faire entendre cette divine parole, il l'annonça non-seulement dans les principales chaires de la Bretagne et de la Normandie, mais dans un grand nombre d'églises de ces deux provinces. De Marseille à Paris et Abbeville la voix apostolique du Révérend Père Gélon a retenti dans un nombre si considérable d'églises qu'il serait impossible de les compter, et partout cette voix apostolique a obtenu les plus grands succès et produit les plus heureux effets, et cela se comprend, car il y avait de l'âme, du mouvement et de la vie dans la manière de dire du Père Gélon, et souvent il s'élevait jusqu'aux plus beaux mouvements de l'éloquence sacrée, son talent large, hardi, brillant et original, lui a conquis une place parmi les orateurs dignes de fixer l'attention, il sut se créer sa voie à lui, il avait sa manière propre de concevoir un sujet et ses procédés particuliers pour l'exposer ; habituellement il s'avançait d'un pas mesuré et sage dans la voie ouverte devant lui par les règles, mais aussi quelquefois il allait par bonds et par sauts, s'élançant vers toute idée grande et noble qui le sollicitait. Du premier coup d'œil, il saisissait entre les choses des rapports qui auraient échappé au plus grand nombre, il les saisissait, lui, il les voyait, il se sentait attiré, et il allait droit à la lumière, à la vérité, comme l'aigle d'un coup d'aile vigoureux, il frappait l'air, il s'élevait à de grandes hauteurs, il planait au-dessus des plus hautes cimes, et alors un rayon de la vérité illuminait son front, et sa parole avait des éclats qui saisissaient.

Toutefois, M. F., le Très Révérend Père Gélon n'était pas l'un de ces orateurs qui à la tribune ou en chaire posent pour l'art, non, il n'apparaissait en chaire que pour faire prévaloir une idée, pour assurer le triomphe de deux grandes causes, la cause de Dieu et la cause des âmes.

Il était saintement passionné pour ces deux grandes causes : il ne voyait guère qu'elles au monde, il ne vivait que pour elles, et surtout il ne parlait que pour les défendre et leur assurer un succès complet et définitif. Avant de parler le Révérend Père Gélon méditait son sujet, il l'approfondissait, il le creusait, il s'en pénétrait intimement, il s'identifiait avec lui : puis du haut de la chaire il entrait en communication directe, intime avec ses auditeurs, il déchirait tous les voiles, il levait tous les obstacles, il allait jusqu'aux cœurs, il épanchait son âme dans toutes ces âmes qu'il avait ouvertes, il y versait ses pensées, ses sentiments, ses affections, il y faisait pénétrer toutes les lumières de son esprit. Puis, après s'être ainsi abaissé jusqu'à ses auditeurs, après qu'il s'était doucement insinué dans leur esprit et leur cœur, tout-à-coup, et par un retour soudain et rapide, il les saisissait avec une force irrésistible et il les entraînait avec lui sur les hauteurs, dans la région de la pleine lumière, là où s'établissent les convictions fortes et inébranlables.

Le grand moyen de succès du Révérend Père Gélon, le secret de son éloquence fut là, si je ne me trompe, dans cette pénétration intime de son sujet ; il s'identifiait tellement avec lui, que lorsqu'il prêchait un panégyrique, on croyait voir le saint, on croyait l'entendre lui-même ; non-seulement les paroles de l'orateur, mais jusqu'à son ton de voix, son extérieur, son geste, tout faisait penser au saint, tout rappelait sa manière d'être, son esprit et sa vie, c'est-à-dire que le talent créateur du panégyriste faisait revivre le saint devant ses auditeurs, et c'est là ce qui assure au Révérend Père Gélon une place parmi les grands panégyristes de notre époque. Cette affirmation ne peut étonner personne, et elle n'étonne certainement pas ceux d'entre vous, M. F., qui, il y a quatre ou cinq ans ont entendu eux-mêmes le panégyrique de saint Wulfran. Ceux-là n'ont pas oublié que ce panégyrique fut un chant de triomphe, un concert harmonieux, dans lequel l'artiste fit entrer les pierres, les livres et les peuples qui vinrent tour à tour chanter un hymne de gloire à la mémoire de saint Wulfran, et unir leurs voix dans un concert harmonieux qui fit entendre des notes si douces, des accords si brillants que le souvenir en est encore vivant et plein de charmes dans tous les cœurs.

Mais c'est dans les retraites surtout que le talent du Révérend Père Gélon se révélait dans toute son originalité, dans toute sa vigueur ; c'est là que l'apôtre se manifestait. Dans ces circonstances, l'éloquence du Révérend Père était moins solennelle, elle avait plus d'abandon, et à cause de cela même elle avait quelque chose de plus vif, de plus saisissant, elle s'insinuait plus facilement jusqu'au plus intime de l'âme, car il fallait des âmes à notre apôtre, il voulait les prendre, s'en emparer, il luttait avec énergie contre toutes celles qui lui résistaient, il poursuivait avec ardeur toutes celles qui le fuyaient et il ne s'arrêtait que lorsque sa parole les avait saisies pour les jeter toutes aux pieds de Dieu ou palpitantes d'amour ou baignées dans les larmes d'un sincère repentir.

Le confessionnal est le second théâtre des luttes et des combats d'un véritable apôtre, et le Révérend Père Gélon descendit bien souvent dans cette nouvelle arène. Qui pourrait dire les longues heures du jour et de la nuit que notre apôtre consacra à ces saintes luttes qui ont pour but d'arracher les âmes au péché et de les donner à

Dieu. Qu'il me suffise de vous dire que, comme confesseur, le Révérend Père Gélon avait incontestablement le don de discerner les âmes ; d'un coup d'œil sûr et rapide, il voyait le remède utile ou nécessaire et il savait l'appliquer avec une affection, avec une sagesse qui assuraient la guérison ; à combien d'âmes n'a-t-il pas fait connaître la voie où Dieu les voulait, devant combien d'âmes n'a-t-il pas ouvert le chemin qui conduit au ciel ?

Mais au tribunal de Dieu il ne suffit pas d'avoir été un homme de talent, un orateur, un apôtre même, saint Paul qui avait tant prêché ne craignait-il pas d'être anathème, *ne reprobus ipse efficiar*, au tribunal de Dieu il faut avoir été un saint et je voudrais vous montrer dans le Révérend Père Gélon le saint religieux.

La vraie et solide piété consiste à se détacher des choses d'ici-bas, à mourir à soi-même pour laisser Dieu vivre et agir en nous. Le Révérend Père Gélon le comprit, et toute sa vie il lutta avec une grande énergie contre toutes ces inclinations qui l'attiraient en bas, et ses efforts furent couronnés de succès. Nous avons admiré tous dans le Révérend Père Gélon ce grand et noble cœur, qui restait froid et insensible au contact de toutes les choses pour lesquelles le monde se passionne, mais qui battait toujours avec force sous l'inspiration divine de Dieu ou de la vertu; nous avons admiré ce grand et noble cœur toujours de glace pour les choses du monde, mais qui aimait passionnément le cœur adorable de Jésus et le cœur immaculé de Marie, l'Église et sa chère congrégation.

Le Révérend Père Gélon avait saisi aussi d'une main vigoureuse le glaive avec lequel il devait se donner la mort à lui-même ; mais ici la lutte fut plus longue, plus vive, plus opiniâtre, sous ce rapport la vie du Révérend Père Gélon fut une lutte constante, une lutte acharnée, une lutte dont son âme fut le théâtre et qui souvent n'eut pour témoins que Dieu et ses anges. Toute la vie du

Révérend Père Gélon fut une lutte incessante contre la fougue de son caractère, contre toutes les ardeurs de sa nature ; son âme ardente, fière, indépendante, ne pouvait, humainement parlant, souffrir aucune résistance, aucun obstacle ; s'il avait suivi le premier mouvement de sa nature il aurait écarté violemment tout obstacle, il l'aurait brisé. Mais l'esprit de foi venait presque toujours ralentir ces ardeurs impétueuses, comprimer ces brusques saillies, et il courbait humblement la tête, il s'inclinait avec amour pour adorer la volonté de Dieu dans l'obstacle qui aurait dû l'arrêter ; et si un jour, il lui arriva de céder trop vite à ce premier élan, à cet élan inconscient de son âme ardente, il sut aussi trouver, dans sa foi, le courage d'écrire, dans un langage dicté par l'humilité, quatre pages où respirent des sentiments si grands et si nobles, quatre pages si remplies de l'esprit de Notre-Seigneur Jésus-Christ que celui qui les a reçues, s'est écrié, ravi d'admiration : *felix culpa*, heureux oubli qui m'a valu ces quatre pages, dont nos meilleurs littérateurs seraient fiers et que les plus grands saints auraient pu signer.

Un autre caractère distinctif de notre saint religieux, ce fut le dévouement, le don de soi. Oui, le Révérend Père eut cette passion des grandes âmes, la passion de se donner : il se donnait à tous ceux à qui il pouvait être utile, et il se donnait sans compter, sans calculer ; alors qu'il s'agissait de faire le bien, il ne consultait que les nobles inclinations de son cœur, et il se donnait sans réserve. Pour faire du bien au plus petit d'entre ses frères il aurait tout sacrifié, tout donné, tout jusqu'au dernier souffle de sa vie, et ce cercueil, dans sa muette éloquence, ne nous dit-il pas que le Révérend Père a su donner son temps, ses forces, sa santé et sa vie, et les donner sans mesure et sans limite ; ne nous dit-il pas que la victime qu'il renferme est une noble victime du dévouement ?

Et maintenant, M. F., pour vous montrer comment le

Révérend Père Gélon sut laisser Dieu vivre et agir en lui, il me suffira de vous retracer les principales phases de la longue et douloureuse maladie qui nous l'a ravi. Dès que le Révérend Père ressentit les premières atteintes un peu graves de son mal, il comprit ce que la perfection religieuse exigeait de lui, et ce que Dieu lui demandait, et aussitôt dans une pensée pleine d'amour, il s'associa à la passion de Notre-Seigneur Jésus-Christ, il s'efforça de s'unir à Jésus souffrant, de prendre ses pensées, ses sentiments. Et tout d'abord, comme Jésus au Jardin des Oliviers, et avec une résignation pleine et entière, le Révérend Père dit à Dieu du fond de son cœur : *Pater transeunt a me calix iste*, mon Père, éloignez de moi le calice amer de cette maladie ; pourtant, ô mon Père, que votre volonté soit faite et non pas la mienne. Après cet acte de résignation, le Révérend Père s'attacha aux pas de Jésus dans la voie qui conduisit le Sauveur au Calvaire, et lorsque les atteintes de la douleur devenaient plus vives, plus pénétrantes, il s'unissait plus intimement à Notre-Seigneur et il multipliait ses prières, et surtout il priait avec plus de ferveur, *prolixius orabat*, il transformait ses souffrances en prières en les offrant à Dieu pour la conversion des pécheurs, pour le salut des âmes, en les offrant à Dieu, pour vous, Mesdames, pour le succès de votre retraite ; et ceux qui ont vu le bon Père dans le cours de sa longue maladie, affirment que jamais ils n'ont vu aucun autre malade ni tant souffrir, ni tant prier, *prolixius orabat*. Pendant de longues journées, pendant des nuits plus longues encore, les souffrances du bon Père furent quelquefois si vives, si intenses, qu'il semblait impossible que la douleur pût monter plus haut, et pourtant si, au milieu de ces crises douloureuses le pauvre malade fit entendre quelquefois un gémissement, un cri de douleur arraché à son âme accablée, jamais il n'articula un murmure, jamais une plainte, pas même une plainte versée comme un soulagement dans le cœur de son meilleur ami ; comme Jésus il gardait le silence, *Jesus autem tacebat*, et sur l'autel de son cœur il s'offrait à Dieu comme une victime d'expiation pour le salut des âmes. Cette conformité de sa volonté à la sainte volonté de Dieu acheva de donner à la vertu du Révérend Père sa dernière perfection ; il était devenu un fruit mûr pour le ciel, les anges le cueillirent et le portèrent dans les célestes demeures où les apôtres et les martyrs brilleront d'un incomparable éclat pendant toute l'éternité, *quasi stellæ fulgent in perpetuas æternitates.*

Et maintenant, M. F., je voudrais pouvoir vous dire : tel fut le Révérend Père Gélon ; mais, je le sens, malgré tous mes efforts, je n'ai pu que crayonner une esquisse très-imparfaite. Je m'en console toutefois, car il me reste une ressource infaillible pour achever mon œuvre ; pour cela il me suffit de vous prier de vouloir bien rentrer en vous-mêmes ; là, au fond de votre cœur, au plus intime de vos meilleurs souvenirs, vous trouverez une image pleine de charmes et de vérité, l'image vivante de celui qui vous a fait tant de bien, et cette âme vénérée. ces souvenirs si chers vous diront mieux que toute parole ce que le Révérend Père Gélon fut devant Dieu et devant les hommes.

Et maintenant, ô Père, ô ami, laissez-moi déposer à vos pieds avec le regret d'avoir fait si peu pour votre mémoire, l'hommage de mes respects et de mon admiration. Nous avons déjà prié beaucoup pour le repos de votre âme, nous prierons encore, et bientôt, nous en avons la douce confiance, bientôt, vous serez auprès de Celui qui est l'auteur de tout don parfait. Oh ! alors, nous vous en conjurons, ô Père, ô ami, intercédez pour nous, afin que nous devenions ce que vous avez toujours été, un noble cœur, une grande âme, un apôtre au cœur brûlant de zèle, un prêtre selon le cœur de Dieu.

Abbeville. — Imprimerie C. Paillart.

www.ingramcontent.com/pod-product-compliance
Lightning Source LLC
Chambersburg PA
CBHW060448050426
42451CB00014B/3235